LA COMMUNAUTÉ ECCLÉSIALE
SON STATUT ET SA VIE

Gustave Thils

LA COMMUNAUTÉ ECCLÉSIALE SON STATUT ET SA VIE

Précisions théologiques

Faculté de Théologie
Louvain-la-Neuve
1995

LIBRAIRIE PEETERS
GRAND-RUE 56
B-1348 LOUVAIN-LA-NEUVE

Dépôt en France:
«LA PROCURE»
3, RUE DE MÉZIÈRES
F-75006 PARIS

FACULTÉ DE THÉOLOGIE
45 GRAND-PLACE
B-1348 LOUVAIN-LA-NEUVE

ISBN 90-6831-760-1
D. 1995/0602/111

INTRODUCTION

L'Église est le Peuple de Dieu, le Corps du Christ, le Temple de l'Esprit. Elle est convocation, rassemblement, communion, communauté...

Il importe dès lors d'indiquer brièvement les limites du sujet traité dans cette plaquette. Il y sera question de la «communauté ecclésiale» plutôt que de la «communion ecclésiale».

Ce choix s'explique par l'intention de s'en tenir à un niveau de la communion ecclésiale. En effet, «afin que le concept de *communion*, qui n'est pas univoque, puisse servir de clef d'interprétation ecclésiologique, il doit être compris à l'intérieur de l'enseignement biblique et de la tradition patristique, dans lesquelles la *communion* implique toujours une double dimension: *verticale* (communion avec Dieu) et *horizontale* (communion entre les hommes)... Le nouveau rapport entre l'homme et Dieu, établi dans le Christ et communiqué dans les sacrements, se prolonge aussi par un nouveau rapport entre les hommes. Par conséquent, le concept de *communion* doit être en mesure d'exprimer aussi, d'une part la nature sacramentelle de l'Église... et d'autre part l'unité particulière qui fait des fidèles les membres d'un même Corps, le Corps mystique du Christ communauté organiquement structurée, 'peuple rassemblé dans l'unité du Père, du Fils et du Saint-Esprit'» (*La Documentation catholique*, 1992, p. 730).

Ce «nouveau rapport entre les hommes», cette «unité particulière» qui fait des fidèles une «communauté organiquement structurée»: tel sera l'aspect précis qui sera étudié concernant la nature et l'existence de cette communauté.

La Congrégation pour la Doctrine de la Foi rappelle également que la communion ecclésiale est un mystère d'unité et de diversité. Tâche délicate! La promotion de l'unité ne peut constituer un obstacle à la diversité, tandis que la reconnaissance de la diversité doit être un enrichissement de l'unité. Le Souverain Pontife et les évêques doivent y veiller. Mais «l'édification et la sauvegarde de cette unité, qui reçoit de la diversité son caractère de communion, sont aussi de la *responsabilité de tous dans l'Église* (nous soulignons), parce que tous sont appelés à la construire et à la respecter chaque jour, principalement par la charité, qui est 'le lien de la perfection'» (*La Documentation catholique*, 1992, p. 732).

Les pages qui suivent s'adressent par conséquent à tous les fidèles. Elles visent cependant, en ordre principal, ceux qui sont engagés dans un dialogue doctrinal adoptant la zone pénible de distinctions précises et de mises au point renouvelées, dans l'espoir d'aboutir à des options cohérentes et éclairantes. Le lecteur s'en apercevra rapidement[1].

---

[1] Pour éviter de multiplier le nombre de notes dans ces pages, la plupart des références à *La Documentation catholique* seront données comme suit: (*DC* année, page) à l'intérieur du texte.

LE PEUPLE DE DIEU, SUJET INTÉGRAL
DE L'ACTION LITURGIQUE

Dans l'Exhortation Apostolique *Christifideles laici* relative à la vocation et à la mission des laïcs dans l'Église et dans le monde, le Pape Jean-Paul II rappelle une donnée ecclésiologique fondamentale. «A la suite du renouveau liturgique promu par le Concile, les fidèles laïcs eux-mêmes, ayant pris plus nettement conscience des tâches qui leur reviennent dans l'assemblée liturgique et dans sa préparation, se sont rendus largement disponibles pour leur célébration: *la célébration liturgique, en effet, est une action sacrée de toute l'assemblée et non pas du seul clergé.* (Nous soulignons). Il est donc tout naturel que les actes qui ne sont pas propres aux ministres ordonnés soient exécutés par les fidèles laïcs. Une fois réalisée la participation effective des fidèles laïcs dans l'action liturgique, on en est venu ensuite spontanément à admettre aussi leur participation à l'annonce de la Parole de Dieu et à la charge pastorale»[2].

Cette Exhortation, publiée en décembre 1988, constituait la conclusion du Synode des évêques de 1987.

Sur ce sujet, les conceptions courantes des fidèles laïcs sont assez diverses et rarement très précises. Il est donc utile d'interroger les théologiens de métier sur le sujet.

La position doctrinale des théologiens

Il y a une vingtaine d'années, le professeur J. Ratzinger décrivait la situation qu'il constatait à son époque, et en laquelle une évolution était en cours.

«Dans une publication liturgique des années trente», écrivait-il, «on aurait pu encore lire que le prêtre célébrant est l'unique sujet du service divin (peut-être de la messe) et que l'assistance ou la non-assistance de quelqu'un de plus, est de peu d'importance quant à l'essentiel de la célébration. Jungmann a montré que la communauté rassemblée, comme telle, est précisément le sujet de la célébration. Que le prêtre n'est le sujet de la célébration que dans la mesure où il partage la vie du sujet qu'est la communauté rassemblée et se trouve être son interprète»[3].

---

[2] Exhortation Apostolique *Christifideles laici*, Libr. Editr. Vaticana, 1988, 208 p. La citation est donnée au n. 23.

[3] J. RATZINGER - H. MAIER, *Démocratisation dans l'Église?*, Paris, Apostolat des Éditions, 1971, p. 45-46. Voir de préférence l'original allemand: *Demokratie in der Kirche. Möglichkeiten, Grenzen, Gefahren*, Lahn, Verlag Limburg, 1970, p. 44.

L'Église, poursuit J. Ratzinger, dans sa définition même de «rassemblement ordonné au service divin», affirme déjà «le caractère fondamental de sujet de droit que possède la communauté comme telle» (p. 46).

Typique à cet égard est le titre même d'une étude du P.Y. Congar à ce propos: L'«ecclesia» ou communauté chrétienne, sujet intégral de l'action liturgique»[4]. Bien que datant de 1966, l'étude du P. Congar offre les résultats d'une recherche historique très abondante qui nous aide à comprendre, à mieux interpréter le thème «le Peuple de Dieu, sujet intégral de l'action liturgique», thème auquel il est arrivé d'être appauvri, voir relativisé.

Au terme de son enquête historique menée de l'antiquité à l'époque de saint Thomas, en passant notamment par Florus de Lyon au IXe siècle, on perçoit mieux l'essentiel des positions ecclésiologiques en jeu.

«La grande perception qui inspire ce que les Anciens nous disent est celle du lien entre caput et corpus, le Christ comme tête et l'Église comme son corps. L'un ne va pas sans l'autre, on ne peut les séparer. Depuis S. Cyprien, on aime évoquer à ce sujet la signification liturgique de l'eau mêlée au vin du calice: ce sont les chrétiens joints au Christ. Tout ce que le Christ a fait de salutaire, il l'a fait comme notre Chef: il l'a donc fait pour nous, en nous portant tous en lui, mais de telle manière qu'il l'a opéré plus à notre bénéfice qu'à notre place, et que son Corps doive le faire après lui, par sa vertu toujours active» (p. 254).

«Ce point de vue mystico-christologique donne son équilibre à la vision du rôle sacerdotal des fidèles. On n'est pas en présence, simplement, d'un rapport à deux termes, fidèles et prêtres hiérarchiques: il y a un troisième terme, le Christ, qui enveloppe les deux autres en se les associant organiquement. Tout le Corps est sacerdotal, mais il l'est en tant que Corps du Premier et Souverain Prêtre, Jésus-Christ, lequel ne cesse d'agir dans les célébrations de son Épouse comme Premier et Souverain Célébrant» (p. 255).

Certes, l'histoire de ce thème connut divers remous. Des malentendus, voire des dérapages, en résultèrent parfois.

Ainsi, à certaines époques, on est passé d'une ecclésiologie de l'ecclesia à une ecclésiologie des pouvoirs, d'une ecclésiologie de la communion et de la sainteté à une ecclésiologie de l'institution et des moyens de salut (p. 261). C'est que, pour faire face à certaines questions ou à certaines

---

[4] Voir Vatican II. La liturgie après Vatican II (Unam Sanctam, 66), Paris, Cerf, 1967, p. 241-282. Pagination des extraits dans le texte.

difficultés, on estime préférable de s'attacher à décrire des éléments qui se prêtent mieux à être définis et l'on néglige, temporairement, la perception synthétique très riche, trop riche même semble-t-il à ce moment.

Au XVIᵉ siècle, le thème qui nous occupe a subi une certaine dépréciation chez les théologiens «qui se sont opposés à son affirmation unique et unilatérale telle qu'on la trouve chez Wyclif et les Réformateurs: c'est le célébrant hiérarchique qui offre vraiment au nom de toute l'Église, les fidèles n'offrant que spirituellement et médiatement, par lui» (p. 265).

A l'époque de Pie, XI, certains documents ecclésiastiques présentent par le terme *Ecclesia*, l'autorité ecclésiastique et hiérarchique.

Mais la Constitution de Vatican II sur la liturgie déclare sans ambages: «Les actions liturgiques ne sont pas des actions privées, mais des célébrations de l'Église, …c'est-à-dire le peuple saint réuni et organisé sous l'autorité des évêques» (n. 26).

Dans *l'Église de Dieu*, le P.L. Bouyer a décrit de manière très précise le rôle et les ministères de la communauté ecclésiale comme telle face à ceux des ministres ordonnés[5].

La célébration eucharistique, écrit-il, «est par excellence l'action propre à l'Église entière, 'en corps'» (p. 356). Elle comporte cinq actions différentes, dont deux appartiennent au seul président de la synaxe, et les trois autres à tous ses membres, mais qui sont si étroitement imbriquées les unes dans les autres qu'elles ne peuvent exister les unes sans les autres» (p. 357). Elle est la grande prière de tous, l'offrande de tous, la communion de tous, tandis qu'au célébrant sont réservées l'annonce autorisée de la Parole et la consécration… L'action de tous, pour s'y accomplir, a besoin des actions particulières aux ministres, mais elle n'est pas moins active pour cela: au contraire, cette action du corps, ce sacrifice de tout le corps, est le terme des actions propres aux ministres. Le 'ministère', la 'diaconie' de ceux-ci est au service, précisément, de cette action de tout le corps. Le sacrifice de l'Église, au sens final, ultime du terme, dira saint Augustin, c'est le sacrifice dans lequel l'Église tout entière offre et est offerte avec le Christ et dans le Christ» (p. 357).

Primauté d'une part et priorité de l'autre

Pourrait-on, en conséquence de ce qui vient d'être expliqué, parler d'une «primauté du sacerdoce commun» et d'une «priorité du sacerdoce ministériel»?

---

[5] L. BOUYER, *L'Église de Dieu*, Paris, Cerf, 1970, 704 p. Pagination des extraits dans le texte

Lors du XXe anniversaire de la clôture du Concile du Vatican II, la Commission théologique internationale a publié une étude intitulée *Thèmes choisis d'ecclésiologie*[6]. Ce document a été confirmé par le cardinal J. Ratzinger, président de la Commission, et il a été approuvé par le Pape Jean-Paul II en vue de sa publication «au plus tôt, pour une raison particulière». Au n. 7 de ce document est envisagée la doctrine ecclésiologique relative aux rapports entre le sacerdoce commun et le sacerdoce ministériel.

En 7.2, déjà, sont proposées des précisions. Le sacerdoce commun et le sacerdoce ministériel «trouvent, à l'évidence, leur fondement et leur source dans l'unique sacerdoce du Christ... L'un et l'autre s'expriment, dans l'Église, en référence sacramentelle à la personne, à la vie et à l'action sanctifiante du Christ. Suit alors une détermination significative: «pour l'épanouissement de la vie dans l'Église, Corps du Christ, le sacerdoce commun des fidèles et le sacerdoce ministériel ou hiérarchique ne peuvent être que complémentaires ou 'ordonnés l'un à l'autre', avec cette nuance toutefois, que du point de vue de la finalité de la vie chrétienne et de son accomplissement, c'est au sacerdoce commun que revient la primauté, même si du point de vue de l'organicité visible de l'Église et de l'efficience sacramentelle, c'est au sacerdoce ministériel que revient la priorité» (p. 67). On aura noté: *Primauté* d'un part et, de l'autre, *priorité*.

En 7.3, il est expliqué comment les deux sacerdoces se déploient au cœur de l'unique Peuple de Dieu. En effet, «parce qu'ils se rattachent à une source unique, le sacerdoce du Christ, et qu'ils visent en définitive un but unique: l'offrande du Corps du Christ tout entier, le sacerdoce commun des fidèles et le sacerdoce ministériel des évêques et des prêtres sont donc strictement corrélatifs». Et même, plus fondamentalement encore, «à l'intérieur de l'unique nouveau Peuple de Dieu, sacerdoce commun et sacerdoce ministériel des évêques et des prêtres sont indissociables. Le sacerdoce commun atteint la plénitude de sa portée ecclésiale grâce au sacerdoce ministériel, tandis que celui-ci n'existe qu'en vue de l'exercice du sacerdoce commun... Évêques et prêtres sont, eux aussi, appelés à vivre pleinement ce même sacerdoce commun et, à ce titre, ils ont besoin du sacerdoce ministériel» (p. 68).

---

[6] Dans *La Documentation catholique*, 1986, p. 57-73. Le n. 7: p. 67-68.

Le prêtre serait-il un «super-chrétien»?

Le P.H. de Lubac a réédité, en 1985, son étude déjà ancienne *Méditation sur l'Église*[7], sans renier ce qu'il proposait alors. Or, au cours de son commentaire du theologoumenon «L'Église fait l'Eucharistie», il aborde le thème du sacerdoce ainsi que la question des relations entre le sacerdoce des pasteurs et celui de l'ensemble du Peuple de Dieu.

Et tout d'abord, en quoi consiste ce sacerdoce royal que saint Pierre et saint Jean reconnaissent à la communauté ecclésiale? Ce sacerdoce, répond-il, «n'est pas une sorte de métaphore, ...il est une réalité 'mystique', réalité qui, dans son ordre ne peut être dépassée ou approfondie par aucune institution ou consécration surajoutée, par aucun autre sacerdoce» (p. 114). Cette qualité est donc de niveau suprême dans l'ordre chrétien.

Pour en souligner la grandeur et la dignité, le P. de Lubac insiste: «Il n'est pas un sacerdoce au rabais, un sacerdoce au second degré, un sacerdoce des seuls fidèles: il est le sacerdoce de toute l'Église» (p. 115). De nombreuses références patristiques appuient et fondent ces considérations.

En quoi consiste, dès lors, la différence entre les prêtres et les autres fidèles? Cette différence est décrite sous divers angles, et chaque prise de vue est significative. Le sacerdoce des évêques et des prêtres «n'est pas, à proprement parler, dans l'ordre de la participation du chrétien à la grâce du Christ, une dignité plus haute. Il n'est pas, si l'on nous passe l'expression, une sorte de super-baptême constituant une classe de super-chrétiens, quoique celui qui en est revêtu reçoive des grâces en conséquence... Le christianisme ne connaît point parmi ses membres de discriminations analogues à celles que posaient les sectes gnostiques ou manichéennes» (p. 117-118).

Que représente exactement le sacerdoce des pasteurs? Il ne s'agit pas «d'un degré supérieur dans le 'sacerdoce interne' commun à tous et indépassable, mais d'un 'sacerdoce externe', réservé à quelques-uns; il s'agit d'une 'charge' confiée à quelques-uns, en vue du 'sacrifice extérieur'... A l'intérieur du 'sacerdoce général', c'est un 'sacerdoce particulier', pour une fonction particulière à remplir ou, comme dit saint Léon le Grand, pour un 'service spécial'. C'est ce qu'on exprime encore en l'appelant 'sacerdoce ministériel'» (p. 119). L'expression 'sacerdoce

---

[7] *Méditation sur l'Église*, Paris, Aubier, 1953. Nous citons le texte de la réédition: Desclée De Brouwer, 1985, 334 p. Pagination des extraits dans le texte.

externe' peut étonner à première vue. Elle est reprise des Décrets du Concile de Trente, session 23, où est proclamée l'institution par le Seigneur d'un sacerdoce 'visible et externe' pour faire face «aux erreurs de ce temps»[8].

Et le P. de Lubac conclut, en reprenant l'essentiel de son étude. «L'institution du sacerdoce et du sacrement de l'Ordre ne créent pas à l'intérieur de l'Église deux degrés d'appartenance au Christ et comme deux espèces de chrétiens. C'est là une vérité fondamentale de notre foi. Le prêtre n'est pas, du fait de son ordination sacerdotale, plus chrétien que le simple fidèle. L'Ordre qu'il a reçu est pour l'Eucharistie, mais l'Eucharistie est pour tous. Tous sont appelés à la même vie divine, tous y sont appelés dès ici-bas, et c'est ce qui fait que tous sont unis dans une même dignité essentielle, cette 'dignité du chrétien', renouvellement merveilleux de la dignité de l'homme, qu'a chantée magnifiquement le grand pape saint Léon» (p. 122).

---

[8] Dans les diverses éditions des *Canones et Decreta Sacrosancti et Oecumenici Concilii Tridentini*, Sess. XXIII, cap. I, ainsi que, après le cap. IV, le canon I.

LE PEUPLE DE DIEU ET LE DÉPLOIEMENT
DE LA RÉVÉLATION

Le développement doctrinal du message chrétien a été, de siècle en siècle, examiné par les théologiens. Quel théologien n'a pas lu à diverses reprises le «Crescat igitur, et multum vehementer proficiat…, sed in suo dumtaxat genere, in eodem scilicet dogmate, eodem sensu, eadem sententia» de S. Vincent de Lérins[9]? Les travaux qui s'y rapportent étudient successivement l'apport spécifique des divers facteurs qui interviennent dans ce dynamisme: l'Esprit de Dieu, le Magistère ecclésiastique, les théologiens et les fidèles, la forme de l'argumentation, le type de transmission, la nature même d'une donnée révélée. En y regardant de plus près, on pourrait constater que chacun de ces éléments a connu, au cours des siècles, un certain devenir.

Les facteurs du développement doctrinal

Parmi les facteurs du développement doctrinal, on cite régulièrement les autorités ecclésiastiques et les fidèles laïcs. Mais comment ces deux éléments sont-ils perçus et quel rôle leur attribue-t-on?

Dans son histoire des Constitutions du Concile Vatican I[10], publiée en 1895, J.-M. Vacant commente les décisions conciliaires relatives à l'immutabilité et au progrès de la doctrine chrétienne. Parmi les «facteurs» de ce développement, il mentionne l'Église d'une part et, de l'autre, les fidèles. Toutefois, lorsqu'il décrit l'œuvre accomplie par les fidèles, il signale «l'inclination naturelle de l'esprit humain» à «bien saisir l'objet de la foi», ou encore, «les conclusions théologiques» auxquelles aboutit le travail des théologiens, ou enfin, «la communauté de pensées» à laquelle l'ensemble des fidèles parviennent grâce à leurs recherches et à leurs échanges» (p. 302-303). Après ce tableau des «efforts privés», J.-M. Vacant en vient à «l'action publique de l'Église» (p. 303). Et l'Église, en ce cas, c'est l'ensemble de ses chefs, à qui Dieu a donné autorité pour conserver fidèlement et expliquer infailliblement le message révélé (p. 304).

---

[9] Voir H. DENZINGER - A. SCHÖNMETZER, *Enchiridion Symbolorum…*, édit. 1967, n. 3020.

[10] J.-M.-A. VACANT, *Études théologiques sur les Constitutions du Concile du Vatican. La Constitution Dei Filius*, t. II, Paris, 1895, p. 301-307.

Au Concile Vatican II, le thème du déploiement doctrinal reparaît à propos de la tradition dans la Constitution *Dei Verbum* (n. 8). Désormais, le terme Église désigne l'ensemble du Peuple de Dieu: fidèles laïcs, théologiens, pasteurs. En effet, «la perception des choses aussi bien que des paroles transmises s'accroît, soit par la contemplation et l'étude des croyants qui les méditent en leur cœur (cf. Luc 2,19 et 51), soit par l'intelligence intérieure qu'ils éprouvent des choses spirituelles, soit par la prédication de ceux qui, avec la succession épiscopale, reçurent un charisme certain de vérité. Ainsi l'Église, tandis que les siècles s'écoulent, tend constamment vers la plénitude de la divine vérité, jusqu'à ce que soient accomplies en elle les paroles de Dieu». Le texte conciliaire est pleinement ecclésial.

Les commentaires des documents conciliaires

Les commentateurs des documents conciliaires en ont repris les passages caractéristiques, et notamment *Dei Verbum*, n. 8.

Voici ce qu'en dit le *Lexikon für Theologie und Kirche*[11]. «Important est le fait que le progrès de la Parole dans le temps de l'Église ne soit pas considéré seulement comme une fonction de la hiérarchie, mais apparaisse comme ancré dans l'ensemble du déploiement de la vie ecclésiale: c'est ainsi que, ici et là, l'implicite devient compréhensible, parce qu'explicité. L'ensemble de l'expérience spirituelle de l'Église, sa convivance croyante, priante et aimante avec le Seigneur et sa Parole, donnent l'intelligence de la croissance de ce qui a été proposé aux origines... Dans ce processus de compréhension qui représente concrètement la façon dont la Tradition se réalise dans l'Église, le service du Magistère constitue une composante (*eine Komponente*), et même, en un sens ici, une composante critique et non productrice; mais il n'est pas le tout (*das Ganze*).

«Dieu lui-même fait de l'Église une présence permanente de la révélation opérée dans le Christ», écrit J. Feiner[12]. «Cela signifie que l'Église n'est pas seulement le sujet qui reçoit la révélation, mais qu'elle même participe à son actualisation». Recevant la révélation, «l'Église n'est pas un sujet purement passif, ...elle confesse ce qu'elle croit et elle en rend témoignage dans la prédication, la liturgie, la vie chrétienne inspirée par la foi».

---

[11] *Lexikon für Theologie und Kirche. Das Zweite Vatikanische Konzil*, t. II, p. 520.
[12] Dans *Mysterium Salutis. 3. Dogmatique de l'histoire du salut*, Paris, Cerf, 1969, p. 23-25.

Dans une interview sur *Luther et l'unité des Églises*, le cardinal J. Ratzinger proposa un commentaire de *Dei Verbum*, n. 8, mais en y apportant une actualisation qui n'est pas passée inaperçue[13]. Après avoir rappelé les trois facteurs de développement doctrinal exposés dans le document conciliaire, il poursuivit. «Dans cette mesure, il n'existe nullement dans la tradition de l'Église cette monopolisation en matière de doctrine que l'on attribue si souvent au ministère épiscopal. Lorsqu'on parle d'intelligence provenant de l'expérience spirituelle, c'est toute la contribution de la vie chrétienne qui est accueillie, et donc aussi la contribution particulière de la base», c'est-à-dire des communautés croyantes, qui est reconnue comme «lieu théologique». Par ailleurs, ajoute le cardinal, «il est clair que les trois facteurs de développement sont interdépendants: l'expérience sans réflexion reste aveugle; l'étude sans expérience demeure vide; la proclamation épiscopale sans enracinement fondamental dans l'une et l'autre est privée d'efficacité. Tous les trois ensemble construisent la vie de l'Église et, dans le cours changeant du temps, tantôt l'un et tantôt l'autre de ces éléments peut prendre davantage de relief, mais aucun ne doit jamais manquer complètement».

La fonction prophétique des laïcs: une Audience de Jean-Paul II

Au cours de l'Audience générale du 26 janvier 1994[14], le Pape Jean-Paul II évoqua le rôle de l'ensemble du Peuple de Dieu dans le déploiement du message chrétien. Il rappela d'abord un passage de la Constitution *Lumen gentium*, n. 35: «Le Christ... accomplit sa fonction prophétique jusqu'à la pleine manifestation de sa gloire, non seulement par la hiérarchie qui enseigne en son nom et avec son pouvoir, mais aussi par les laïcs dont il fait pour cela également des témoins, en leur donnant le sens de la foi et la grâce de la parole afin que la force de l'Évangile brille dans la vie quotidienne, familiale et sociale».

En réalité, poursuivait le Pape, il s'agit d'une investiture de la part du Christ lui-même. «Il s'agit d'annoncer, de communiquer, de faire vibrer dans les cœurs les vérités révélées, porteuses de la vie nouvelle que nous donne l'Esprit Saint... Tout cela est possible parce qu'ils reçoivent de l'Esprit Saint la grâce de professer la foi et de trouver la manière la plus adaptée de l'exprimer et de la communiquer à tous... La 'force de l'Évangile' n'est pas requise seulement des prêtres et des

---

[13] Voir *La Documentation catholique*, 1984, p. 126.
[14] Dans *La Documentation catholique*, 1994, p. 208.

religieux pour leur mission de ministres de la parole et de la grâce du Christ: elle est également nécessaire chez les laïcs, pour leur mission d'évangélisation des milieux et des structures séculières où se déroule leur vie quotidienne».

L'infaillibilité du Peuple de Dieu «in credendo»

Mais n'est-ce pas le moment de rappeler la doctrine théologique courante de l'«infaillibilité du Peuple de Dieu *in credendo*»?

Certes, le premier Concile du Vatican, en 1870, a mis en un relief très accusé la doctrine des prérogatives papales. Mais en même temps, et tout au long de la période moderne posttridentine, c'est au Peuple chrétien tout entier, à l'*universitas fidelium*, que les théologiens pensent aussi, et parfois même d'abord, lorsqu'ils traitent de l'infaillibilité de l'Église.

En voici, en bref, deux exemples.

Le premier est pris chez Fr. Suarez.

Dans son *Tractatus de Fide*, le maître de Coimbra se pose la question classique: *De regulis quibus fidei obiectum infallibiliter proponitur.* Et voici l'ordonnance selon laquelle il répond, en diverses Sections[15].

Sectio VI. An Ecclesia universalis sit infallibilis in credendo, ac proinde certa regula fidei?

Sectio VII. An legitimum Concilium sit certa regula fidei?

Sectio VIII. An Papa sine Concilio sit certa regula fidei?

Pareille ordonnance est assez significative par elle-même et se passe de commentaire.

Voici le deuxième exemple, pris chez Billuart.

Un siècle après Suarez, Billuart se pose la question: *Utrum Ecclesia possit deficere*[16]? Il répond par une distinction. On peut considérer l'Église, soit comme l'ensemble de tous les fidèles – l'*Ecclesia credens* – soit dans l'ensemble des prélats et des docteurs – l'*Ecclesia docens*. La question est de savoir si l'une et l'autre sont infaillibles, la première *in credendo*, la deuxième *in docendo*.

Et voici comment Billuart argumente. La preuve de l'infaillibilité *in docendo*, il l'étblit à partir de ce qu'il a exposé concernant l'infaillibilité *in credendo*. Si l'Église représentée dans ses pasteurs pouvait se tromper, dit-il, il s'ensuivrait que l'ensemble des fidèles, à savoir l'Église comme assemblée de tous les fidèles, pourrait se tromper,

---

[15] *Opera omnia*, t. XII, Paris, 1958, p. 154A, 157B, 160A.
[16] *De Fide*, éd. Lyon-Paris, 1853, t. V, p. 106B-107A.

puisque les fidèles doivent écouter leurs pasteurs: ce qui est faux.
Par conséquent, «tout ce que nous avons dit de l'infaillibilité de l'Église
in credendo est la *preuve* – nous soulignons – de son infaillibilité
in docendo»[17].

En 1963, pour alimenter les réflexions de Vatican II sur le *sensus fidelium*, j'ai publié un petit dossier sur ce thème: «L'infaillibilité
du peuple chrétien 'in credendo'. Notes de théologie posttridentine»[18].
On retrouve la doctrine de l'infaillibilité de l'Église *in credendo* dans
les travaux des grands noms de la théologie. Au XVIe siècle: Melchior
Cano, S. Robert Bellarmin, Grégoire de Valence, Suarez. Aux siècles
suivants:; J.-B. Gonet, Ch.R. Billuart, H. Tournély, P. Collet. Au XIXe
siècle encore: M.-J. Scheeben, J.-B. Franzelin, J.-H. Newman.

C'est là une position courante et bien garantie.

Appel aux fidèles laïcs d'aujourd'hui

Ne faudrait-il pas que les fidèles laïcs de notre temps prennent mieux
conscience, et vivent plus explicitement, cette doctrine ecclésiologique
traditionnelle?

Elle a d'ailleurs été rappelée de manière expresse dans la Constitution
Lumen gentium, n. 12, du Concile Vatican II, de la manière suivante.
«La communauté universelle des fidèles, ayant l'onction qui vient du
Saint (cf. I Jean 2,25 et 27), ne peut se tromper dans la foi; et cette qualité particulière, elle la manifeste par le moyen du sens surnaturel de la
foi qui est celui du peuple tout entier, lorsque, 'des évêques jusqu'aux
derniers des fidèles laïcs', elle apporte aux vérités concernant la foi et les
mœurs un consentement universel».

Certes, puisqu'il s'agit du Peuple de Dieu, on n'oubliera pas de tenir
compte de la tâche propre aux fidèles qui ont été appelés au service de
l'autorité doctrinale et de gouvernement. C'est donc, «en conformité
avec l'enseignement du Magistère», que l'ensemble de la communauté
ecclésiale pourra vivre cette infaillibilité *in credendo*.

Une «conformité au Magistère» à entendre selon les critères que
le Magistère lui-même nous propose. Dans un Document récent relatif
à l'interprétation des dogmes, la Commission théologique internationale apporte des précisions significatives en ce domaine. Elle déclare:

---

[17] «Unde quaecumque diximus pro infallibilitate Ecclesiae in credendo, probant ejus
infallibilitatem in docendo» (*op. cit.* p. 108A).

[18] Dans la *Bibliotheca Ephemeridum Theologicarum lovaniensium*, vol. XXI, Louvain, 1963, 68 p.

«le fait que la Tradition soit une réalité bien vivante explique pourquoi on rencontre un nombre considérable de déclarations du Magistère, dont l'importance est plus ou moins grande et dont le caractère obligatoire peut varier en degré. Pour apprécier avec certitude et interpréter ces déclarations, la théologie a élaboré la doctrine des qualifications théologiques, qui a été en partie reprise par le Magistère de l'Église» (DC 90, p. 493).

Pour aider les fidèles laïcs à comprendre avec le discernement requis l'adage «...en conformité avec l'enseignement du Magistère», j'ai publié, en 1994, une plaquette éditée sous ce titre et qui rassemble les divers éléments qui le concerne[19].

---

[19] G. THILS, «...*en conformité avec l'enseignement du Magistère*», Publications de la Faculté de théologie, Louvain-la-Neuve, 1994, 58 p.

UNE CORRÉLATION CLERCS-LAÏCS «ÉQUILIBRÉE»

Au cours de l'Audience générale du 18 mars 1992, le Pape Jean-Paul II expliqua que le ministère des pasteurs et celui des fidèles devaient être «ordonnés l'un à l'autre».

«Ordonnés l'un à l'autre»: l'expression mérite d'être retenue. Voici ce passage du discours papal.

«...le sacerdoce hiérarchique ministériel a été institué dans l'Église pour mettre en œuvre toutes les ressources du sacerdoce universel des fidèles... Selon cette doctrine, qui appartient à la plus ancienne tradition chrétienne, l''activité' de l'Église ne se réduit pas au ministère hiérarchique des pasteurs, comme si les laïcs devaient demeurer dans un état de passivité. En effet, toute l'activité chrétienne accomplie par des laïcs, à quelque moment que ce soit, et spécialement l'apostolat moderne des laïcs, rend témoignage à l'enseignement conciliaire selon lequel le sacerdoce des fidèles et le ministère sacerdotal de la hiérarchie ecclésiastique sont 'ordonnés l'un à l'autre'» (DC, 1992, p. 358).

On aura remarqué que le Pape se réfère «à la plus ancienne tradition chrétienne» et à «l'enseignement conciliaire».

L'année suivante, au cours de l'Audience générale du 27 octobre 1993, le Pape choisit comme thème «l'identité ecclésiale des laïcs» et déclarait à ce propos: «Ce serait une conception réductrice, et même une erreur contre l'Évangile et la théologie, que de concevoir l'Église exclusivement comme un corps hiérarchique: une Église sans peuple!... Les paroles de Pie XII, dans un discours qu'il adressa aux nouveaux cardinaux en 1946, sont restées célèbres: les laïcs 'doivent avoir une conscience toujours plus claire, non seulement d'appartenir à l'Église, mais d'être l'Église» (AAS 38, 1946, p. 149, cité en CL, 9 et CEC, n. 899)[20]. Une déclaration mémorable qui a marqué un tournant dans la psychologie et la sociologie pastorales, à la lumière de la meilleure théologie» (DC, 1993, p. 1009).

---

[20] Le sigle *AAS* désigne les *Acta Apostolicae Sedis*, édités à la Librairie Vaticane, à Rome. Le sigle *CL* désigne l'*Exhortation Apostolique «Christifideles laici»*, du 30 décembre 1988, au n. 9, qui parle des laïcs; voir le texte dans la DC 1989, p. 157. Le sigle CEC désigne le *«Catéchisme de l'Église catholique»*, Paris, 1992, où il est parlé des laïcs notamment au n. 899.

Un court rappel du passé

Le Pape nous invite ainsi à nous rappeler ce que fut le passé.

Dans la première partie de ce siècle, le couple «clerc-laïc» s'entendait assez couramment du rapport «clerc-non clerc», avec une nuance de «supérieur-subordonné». On reconnaissait d'ailleurs ainsi un aspect de la vérité. Mais l'enjeu consiste à déterminer avec justesse ce que représente cet aspect de vérité et comment il apparaît lorsqu'il est situé au cœur de toute la réalité dogmatique et spirituelle du «Peuple de Dieu».

Rappelons-nous d'abord brièvement la condition de la théologie de l'Église lorsque celle-ci était définie par l'expression *societas inaequalis*. Le 11 février 1906, dans l'encyclique *Vehementer Nos* adressée aux évêques, au clergé «et à tout le peuple français» à l'occasion des troubles politiques de l'époque, le Pape Pie X rappela la constitution donnée par Jésus-Christ à son Église. Cette Église, écrivait-il, «est par essence une *société inégale*, c'est-à-dire une société comprenant deux catégories de personnes, les Pasteurs et le troupeau, ceux qui occupent un rang dans les différents degrés de la hiérarchie, et la multitude des fidèles. Et ces catégories sont tellement distinctes entre elles que dans le corps pastoral seul résident le droit et l'autorité nécessaire pour promouvoir et diriger tous les membres vers la fin de la société; quant à la multitude, elle n'a pas d'autre devoir que celui de se laisser conduire et, troupeau docile, de suivre ses Pasteurs»[21].

Sans doute, de semblables déclarations peuvent être défendues, pour autant que l'on considère dans les Pasteurs uniquement ce qui les différencie des autres fidèles, et pour autant que l'on envisage la «multitude» uniquement en ce qui la constitue dépendante du ministère des Pasteurs. Mais le nœud du problème n'est pas là. Car si, au sein de la communauté ecclésiale, certains fidèles sont établis pasteurs, ne doit-on pas décrire leurs relations en termes de complémentarité, de corrélation, sur la base d'une égalité foncière et d'une condition commune?

C'est bien là qu'aboutit la réflexion théologique qui se développa avant et durant le Concile Vatican II.

Le Concile Vatican II[22]

Les historiens du Concile Vatican II ont tous souligné l'importance des transformations considérables que connut l'élaboration du schéma

---

[21] Voir les *Acta Apostolicae Sedis*, t. 39, 1906, p. 8-9. Traduction officielle – reprise ici – dans *Actes de S.S. Pie X*, Paris, Bonne Presse, t. II, p. 135.

[22] Il existe diverses éditions des textes conciliaires de Vatican II. Nous suivons ici le texte français-latin des Éditions du Vitrail, Paris, 1967, 1013 p.

De Ecclesia, et notamment l'introduction, à la suite du chapitre premier sur *Le Mystère de l'Église*, d'un chapitre II sur *Le Peuple de Dieu*, avant qu'il soit question des clercs, des laïcs, de la sainteté.

Autre donnée majeure, à propos des fidèles laïcs. La Constitution *Lumen gentium*, n. 32, tient à rappeler que «quant à la dignité et à l'activité commune à tous les fidèles dans l'édification du Corps du Christ, il règne entre tous une véritable égalité, *vera* aequalitas». C'est ce dernier point qui nous occupera ci-après.

On notera avec soin l'affirmation d'une véritable égalité des clercs, des religieux et des laïcs, au niveau profond et spirituel de la condition de «fidèles», de *Christifideles*. La communion ecclésiale n'est donc pas seulement l'ensemble organique des clercs et des laïcs, elle ne se définit pas uniquement, ni même primordialement, par les structurations qui en fixent l'ordonnance essentielle. Elle est aussi réellement, en sa profondeur, une communauté de fidèles unis sur la base de leur *vera aequalitas*, agissant au titre de leur *vera aequalitas*, à savoir la condition chrétienne avec tout ce que celle-ci signifie et comporte dans l'existence ecclésiale.

La Constitution *Lumen gentium* n'ignore nullement, on s'en doute, que «certains par la volonté du Christ sont institués docteurs, dispensateurs des mystères et pasteurs» (n. 32). Entre les fidèles laïcs et leurs pasteurs existe donc une réelle différence. Mais comment nommer celle-ci avec justesse? Et est-il indiqué de parler d'«inégalité»?

Reprenons le passage de la Constitution *Lumen gentium*, n. 32. Ici, pour caractériser la relation fidèles-laïcs et fidèles-clercs, le terme inégalité est évité, et même, semble-t-il, considéré comme non pertinent ou moins pertinent.

En effet, après avoir rappelé qu'une réelle égalité existe entre les pasteurs et les autres fidèles, la Constitution conciliaire poursuit. «Car la différence même (*distinctio*) que le Seigneur a mise (*posuit*) entre les ministres sacrés et le reste du Peuple de Dieu (*reliquum Populi Dei*) comporte en soi union (*coniunctionem*), étant donné que les pasteurs et les autres fidèles se trouvent liés les uns aux autres par une communauté de rapports (*inter se communi necessitudine devinciantur*).

Et de quelle nature est ce lien? «Aux pasteurs de l'Église... d'être au service les uns des autres et au service des autres fidèles; à ceux-ci, de leur côté, d'apporter aux pasteurs et aux docteurs le concours joyeux de leur aide. Ainsi, dans la diversité même (*sic in varietate*), tous rendent témoignage de l'admirable unité qui règne dans le Corps du Christ;

en effet, la diversité même (*diversitas*) des grâces, des ministères et des opérations contribue à lier les fils de Dieu en un tout (*in unum colligit*). Car tout cela est l'œuvre d'un seul et même Esprit (I Co 12, 11)».

Les commentaires de «Lumen gentium» n. 32

En commentant ce passage du document conciliaire[23], Mgr G. Philips en souligne assez vigoureusement la portée doctrinale. Certains, répète-t-il après *Lumen gentium*, 32, sont établis par le Christ comme docteurs et pasteurs, certes, «non *au-dessus* des autres, mais *au profit* des autres, non pas *super alios*, mais *pro aliis*». L'insistance de Mgr Philips se comprend d'autant mieux qu'il sait que le *pro aliis* du texte conciliaire définitif a été choisi à la place de *super alios* au cours de l'élaboration du schéma primitif *De Ecclesia*, n. 23.

Certes, poursuit Mgr Philips, il existe entre les pasteurs et les autres fidèles une «distinction indéniable», une «différence». «Cependant, la différence n'entraîne aucune inégalité, mais une *corrélation équilibrée*. Si les deux catégories se confondaient, elles ne pourraient plus se rencontrer, ni s'enrichir mutuellement. Ce serait un nivellement mortel. Les pasteurs sont appelés serviteurs, et ils le sont en effet. Les autres fidèles n'en deviennent pas pour autant des seigneurs, mais des collaborateurs empressés» (t. II, p. 23). Nous avons souligné corrélation équilibrée, expression que l'on trouve dans le titre de ce chapitre.

Le *Lexikon für Theologie und Kirche* s'exprime comme suit à propos de la discussion «égalité»-«inégalité»[24].

Le commentateur, F. Klostermann, estime que les «inégalités» sont relativisées par la vraie «égalité» foncière. Voici ce qu'il dit. «Même les inégalités (*Ungleichkeiten*) existant dans l'Église sur la base de diverses voies ou charges en tant que docteurs, dispensateurs des mystères de Dieu et comme Pasteurs, paraissent étrangement relativisées (*seltsam relativiert*) par une 'vraie égalité', située plus profondément, dans l'appel à la sainteté, dans une même foi grâce à la justice de Dieu, dans une dignité et une action commune pour l'édification du Corps du Christ» (t. I, p. 367).

Voici, dans le même sens, quelques réflexions du P.O. Semmelroth, qui fut *peritus* à Vatican II, sur la portée du chapitre II sur *Le Peuple de Dieu*[25].

---

[23] G. PHILIPS, *L'Église et son mystère au IIe Concile du Vatican*, Desclée, t I, 1967, 395 p. et t. II, 1968, 396 p. La citation est reprise du tome II, p. 23.

[24] *Lexikon für Theologie und Kirche. Das Zweite Vatikanische Konzil*, t. I, p. 267.

[25] Dans le recueil *Vatican II. L'Église de Vatican II* t. II (Unam Sanctam, 51b), Paris, Cerf, 1966, p. 404.

«La distinction institutionnelle entre fonction et laïcat, écrit-il, n'est pas l'aspect qu'il faut considérer en premier lieu quand on veut réfléchir comme il convient à la nature de l'Église. Avant toute différence, et sans que celles-ci puissent les mettre en question, il y a l'unité préalable, le lien commun et la dignité essentielle au sein du Peuple de Dieu… Devant le Seigneur glorifié, l'unité et le lien commun ont une importance vraiment primordiale dans l'Église une». On aura remarqué les adjectifs «préalable» et «primordial».

Subsidiarité ou juste autonomie

Le type de rapport à proposer entre les clercs et les laïcs est-il à envisager par un recours au principe de subsidiarité, ou vaut-il mieux faire appel à une «juste autonomie» telle qu'elle est déterminée dans les lois de l'Église?

L'appel au principe de subsidiarité en matière de collaboration intra-ecclésiale fait immédiatement penser au domaine de la sociologie, et donc à une manière sécularisée de penser et de définir la communauté ecclésiale. Ce sentiment n'est pas sans justesse, mais il requiert de nombreuses nuances. Et même, est-il judicieux de considérer le recours à la subsidiarité comme la meilleure solution au problème qui nous occupe?

Ce principe de subsidiarité, certes sociologique, appartient également à la philosophie du droit, fait remarquer J. Beyer dans un article érudit qui aborde la question[26]. Ce principe «pose comme essentiel à la société civile le droit d'association en vue d'une action commune dont les citoyens sont capables et qu'ils prennent à leur compte. Ce droit fondamental limite la compétence de l'État et de la société qu'il représente; il ramène le rôle des pouvoirs publics à une subsidiarité qui l'obligera à intervenir là où les particuliers se montrent incapables d'agir par eux-mêmes. Ainsi est exclu tout monopole de l'État et réaffirmé le droit de la personne comme telle, droit à exercer éventuellement en groupe libre, dans le respect du bien commun, dont le souci incombe à l'autorité supérieure» (p. 803).

Mais ce principe est-il applicable à la société ecclésiale? Il fut parfois évoqué au cours de la révision du Droit canonique. Mais l'Église est une société *sui generis*. Ses composantes, ses normes d'action, ses fondements comportent de nombreuses différences avec la structure des États. La floraison des ministères confiés acutellement aux laïcs et le déploiement des charismes qui peuvent advenir à ceux-ci par le don de l'Esprit requièrent une prudence attentive dans l'éventuel recours au principe de subsidiarité.

---

[26] J. BEYER, *Principe de subsidiarité ou «juste autonomie»*, dans *Nouv. Revue Théol.*, 1986, p. 801-822.

En fin de compte, on est amené à se demander si les avantages que l'on attend en l'occurrence du principe de subsidiarité ne serait pas aussi bien, voire beaucoup mieux assuré en s'appuyant sur les droits reconnus aux fidèles laïcs par le Code de droit canonique actuel. Ainsi, par exemple, en ce qui concerne le droit d'association, tel qu'il est fixé au canon 215. «Les fidèles ont la liberté de fonder et de diriger librement des associations ayant pour but la charité ou la piété, ou encore destinées à promouvoir la vocation chrétienne dans le monde, ainsi que de se réunir afin de poursuivre ensemble ces mêmes fins». Ces associations sont conduites selon leurs statuts, et par des dirigeants librement élus (can. 323 §1, 305, 309). En ces domaines, les clercs ont certes un droit de «regard» et de «vigilance»; et ces droits peuvent être vécus plus ou moins heureusement. Mais avec les laïcs d'aujourd'hui et les clercs d'aujourd'hui, ne se sent-on pas plus à l'aise dans cette «juste autonomie» que ne serait la «juste subsidiarité»?

Ceux qui estiment devoir envisager et régler les relations clercs-laïcs en faisant appel au principe de subsidiarité devraient se renseigner avec précision sur les dispositions juridiques de l'Église qui les concernent.

L'autorité ecclésiastique et son exercice

Après ces mises au point, il ne sera pas superflu, sans doute, de rassurer les lecteurs de cette plaquette: son auteur reconnaît sincèrement et pleinement l'autorité ecclésiale des prêtres, des évêques, du Pape. Ce qui est en jeu dans ces pages, c'est la nature et l'exercice de cette autorité chrétienne authentique lorsqu'on la vérifie dans son fondement et son esprit, le message évangélique.

Voici d'abord ce qui concerne la «nature» des ministères ecclésiastiques. Suivront quelques indications relatives à leur «exercice».

Les ministères sont «ontologiquement» des services, explique à diverses reprises le P.Y. Congar[27]. Les ministères ne sont pas seulement des fonctions à l'intérieur d'une communauté, ils «se qualifient ontologiquement comme service et mission, du même mouvement et au même niveau de profondeur où ils se qualifient comme chrétiens, peuple et corps de Celui qui est l'Envoyé et le Serviteur» (p. 39). Et c'est bien «à l'intérieur de cette condition générale de service et de mission, qu'une structuration de la mission et du service est posée par certains ministères» (p. 39).

---

[27] Y. Congar, *Ministères et communion ecclésiale*, Paris, Cerf, 1971, 264 p.

Sur ce point, on pourrait se référer à d'autres études du P. Congar, comme *La hiérarchie comme service selon le Nouveau Testament et les documents de la tradition*. «Le thème de la hiérarchie, écrit-il, comme consistant *essentiellement* (nous soulignons) en un service, court à travers toute la tradition chrétienne. Que ce soit dans des formules qui sont devenues de véritables *topoi* de la littérature ecclésiastique…que ce soit à travers l'idéologie du bien commun, du bien de chacun et de tous, que portent les mots sans cesse repris *utilis, utilitas*, que ce soit dans des sermons d'ordination comme ceux, si beaux, prononcés par S. Augustin…que ce soit enfin au cours de traités plus ou moins expressément consacrés aux devoirs des hommes revêtus d'autorité, les attestations sont innombrables» (p. 67-68).

Pendant un quart de siècle, dans des études successives et qu'il est impossible de signaler, le P. Congar a étudié les diverses relations qui peuvent relier des fidèles clercs et des fidèles laïcs. Il suffit de consulter, à son nom, les Bibliographies théologiques de chaque année pour être édifié sur l'ampleur de ses recherches et de ses réflexions.

Les travaux de J. Ratzinger attirent également l'attention sur cette question, et notamment à propos de ce qu'on pourrait appeler l'impact doctrinal du vocabulaire employé.

Dans l'article *Fraternité* du *Dictionnaire de spiritualité*[28], J. Ratzinger fait observer, en passant, que «d'après l'Épître aux Hébreux, on doit dire très nettement que le 'prêtre' du Nouveau Testament n'est pas un prêtre au sens de l'histoire des religions et de l'Ancien Testament, mais que, par fonction, il est purement au service l'unique Prêtre Jésus-Christ. La conviction de ne pouvoir agir par sa propre puissance, d'être purement appelé à un service dans le Corps du Seigneur commun à tous, devrait marquer profondément la conscience que le prêtre a de soi» (p. 1163).

Dans *Frères dans le Christ*[29], J. Ratzinger a repris la question. Il se réfère notamment aux recherches de K.H. Schelkle. Le Nouveau Testament, écrit celui-ci, crée le terme *diakonia*: il connaît les autres termes, mais il ne les applique pas dans le domaine ecclésiastique. *Archè* et *Exousia*, dit Schelkle, «sont, dans l'usage néotestamentaire, réservés aux autorités de la synagogue ou de l'État, ou encore aux puissances angéliques, et *Timè*, à la dignité que le grand-prêtre tient de son ministère dans l'Ancien Testament» (p. 78). D'où cette conclusion, très appuyée,

[28] *Dictionnaire de spiritualité*, Paris, Beauchesne, t. V, c. 1141-1167.
[29] *Frères dans le Christ*, Paris, Cerf, 1962, 116 p.

de Schelkle: «Cette constatation lexicographique enseigne déjà de façon impressionnante qu'il n'y a dans l'Église d'autre ministère que le service, et que tout ministère n'est qu'une organisation du service» (p. 78).

Et J. Ratzinger renforce cette conclusion: «On ne peut et on ne doit en aucune manière identifier le ministère néotestamentaire, qui en réalité est un service, avec le phénomène du sacerdoce tel qu'il se présente ailleurs et que connaît l'histoire des religions. Le ministère dont il s'agit est par essence quelque chose de tout autre» (p. 78).

La solution proposée par le Pape Paul VI

Dans ces conditions de «juste corrélation ecclésiale», quelle sera dès lors la forme que les ministres ordonnés devraient donner à l'exercice de leur autorité?

La question s'est fréquemment posée au cours des temps. Pour ne pas être en lien avec les remous d'aujourd'hui, nous donnerons la solution que proposa il y a un quart de siècle le Pape Paul VI.

Le 11 avril 1970, les évêques italiens qui s'étaient réunis en assemblée plénière à Rome durant une semaine reçurent le Pape Paul VI, qui leur adressa l'Allocution suivante[30]. Le Pape invita les évêques à la confiance au milieu du tumulte de ces jours. Il évoqua les problèmes qui affectaient en ce moment le monde des laïcs, celui des prêtres, le ministère des évêques. Il leur parla aussi des difficultés que rencontrait aujourd'hui le «magistère» dans son exercice et, tout spécialement, dans «l'exercice de l'autorité». «Celle-ci n'est pas obéie comme il se devrait; elle est au contraire contestée irrévérencieusement et profondément. Personne ne pourrait dire qu'il est facile d'être évêque aujourd'hui» (p. 404). En fait, constate le Pape, faisons confiance au «sage et patient renouveau que nous-mêmes, pasteurs du Peuple de Dieu, imprimerons à la façon d'exercer l'autorité. ...C'est sur ce dernier point que porte d'une façon lancinante la contestation. On nous dit: ce n'est pas l'autorité que nous rejetons..., mais la façon de l'exercer, et celle-ci doit être changée. Cette remarque peut être prise en considération... Nous acceptons humblement de reconsidérer la façon dont nous exerçons l'autorité» (p. 405).

C'est alors que le Pape Paul VI proposa sa solution, construite avec un soin extrême, où chaque mot est à souligner, et dont la signification pastorale est d'envergure. Voici ce passage final de l'Allocution.

---

[30] Texte complet dans l'*Osservatore Romano* du 12 avril 1970. Traduction française dans DC 1970, p. 402-406.

«Nous acceptons humblement de reconsidérer la façon dont nous exerçons l'autorité. Pour simplifier, nous dirons qu'il y a deux façons de l'exercer. La première consiste à peser sur les autres et à contenir, généralement par la crainte (cf. 1 Cor. 4,21), leur liberté et leur activité. La seconde consiste à aider les autres à s'exprimer d'une façon libre, responsable et juste (cf. 2 Cor. 1,24). 'De ce pouvoir que le Seigneur nous a donné pour votre édification et non pour votre ruine, je ne rougirai pas (2 Cor. 10,8)'. Nous optons pour cette seconde façon (cf. 1 Pierre 5,1-3); elle est plus conforme à la nature et à la finalité de l'autorité. Les deux systèmes ont leurs inconvénients; le second les manifeste et les supporte davantage; le premier les cache, mais il les accroît.

«Nous sommes au temps du dialogue, ce dialogue dont on parle trop, et dont parfois on abuse. Mais en soi, s'il est utilisé quand et comme il se doit, il nous semble être une bonne expression de l'autorité pastorale. Vous en connaissez tous les difficultés et les ressources; tous vous savez trouver le style ecclésial, l'esprit évangélique qu'aujourd'hui l'Église et le monde attendent des hommes d'Église» (p. 405).

CLERCS ET LAÏCS: UNE COLLABORATION MULTIFORME

«Selon leur science, leur compétence et le prestige dont ils jouissent, les fidèles ont le droit, et même parfois le devoir de manifester leur opinion à leurs pasteurs sur les choses qui concernent le bien de l'Église, et de la faire connaître aux autres fidèles, en sauvegardant l'intégrité de la foi et la révérence à l'égard des pasteurs, et en tenant compte de l'utilité commune et de la dignité des personnes».

Ainsi s'exprime le Droit canonique, can. 212 §3.

Le Concile Vatican II

Les documents conciliaires de Vatican II reviennent à diverses reprises sur les formes de collaboration pouvant unir les pasteurs et les laïcs dans l'Église.

Après avoir rappelé les obligations de l'obéissance chrétienne, la Constitution *Lumen gentium*, n. 37, poursuit. «Les pasteurs, de leur côté, doivent reconnaître et promouvoir la dignité et la responsabilité des laïcs dans l'Église; ayant volontiers recours à la prudence de leurs conseils, leur remettant avec confiance des charges au service de l'Église, leur laissant la liberté et la marge d'action, stimulant même leur courage pour entreprendre de leur propre mouvement. Qu'avec amour paternel ils accordent considération et attention dans le Christ aux essais, vœux et désirs proposés par les laïcs, qu'ils respectent et reconnaissent la juste liberté qui appartient à tous dans la cité terrestre. De ce commerce familier entre laïcs et pasteurs il faut attendre pour l'Église toutes sortes de biens: par là en effet s'affirme chez les laïcs le sens de leur responsabilité propre, leur ardeur s'entretient et les forces des laïcs viennent plus facilement s'associer à l'action des pasteurs. Ceux-ci, avec l'aide de l'expérience des laïcs, sont mis en état de juger plus distinctement et plus exactement en matière spirituelle aussi bien que temporelle, et c'est toute l'Église qui pourra ainsi, renforcée par tous ses membres, remplir plus efficacement sa mission pour la vie du monde» (n. 37).

Le *Décret sur la vie et le ministère des prêtres* aborde la question dans le même sens, et parfois dans les mêmes termes. Après avoir rappelé la fonction éminente et indispensable des prêtres dans et pour le Peuple de Dieu, le Décret poursuit: «Les prêtres ont à reconnaître sincèrement et à faire progresser la dignité des laïcs et leur rôle propre dans la mission de l'Église. Ils doivent respecter la juste liberté à laquelle tous ont droit dans la cité terrestre. Ils doivent écouter volontiers les laïcs, tenir compte fraternellement de leurs désirs, reconnaître leur expérience et leur compétence dans les différents domaines de l'activité humaine, pour pouvoir avec eux lire les signes des temps. Éprouvant les esprits pour voir s'ils sont de Dieu, il découvriront et discerneront dans la foi les charismes des laïcs sous toutes leurs formes, des plus modestes aux plus élevées, ils les reconnaîtront avec joie et les développeront avec ardeur. Parmi ces dons qu'on trouve en abondance chez les chrétiens, l'attrait d'un bon nombre pour une vie spirituelle plus profonde mérite une attention spéciale. Il faut également avoir assez de confiance dans les laïcs pour leur remettre des charges au service de l'Église, leur laissant la liberté et la marge d'action, bien plus, en les invitant, quand l'occasion se présente, à prendre d'eux-mêmes des initiatives» (n. 9).

La Constitution *Gaudium et spes* souligne en particulier le rôle actif et décisif des laïcs chrétiens dans la vie de la cité. «C'est à leur conscience, préalablement formée, qu'il revient d'inscrire la loi divine dans la cité terrestre. Qu'ils attendent des prêtres lumières et forces spirituelles. Qu'ils ne pensent pas pour autant que leurs pasteurs aient une compétence telle qu'ils puissent leur fournir une solution concrète et immédiate à tout problème, même grave, qui se présente à eux, ou que telle soit leur mission. Mais plutôt, éclairés par la sagesse chrétienne, prêtant fidèlement attention à l'enseignement du Magistère, qu'ils prennent eux-mêmes leur responsabilité. Fréquemment, c'est leur vision chrétienne des choses qui les inclinera à telle ou telle solution, selon les circonstances. Mais d'autres fidèles, avec une égale sincérité, pourront en juger autrement, comme il advient souvent et à bon droit. S'il arrive que beaucoup lient facilement, même contre la volonté des intéressés, les options des uns ou des autres avec le message évangélique, on se souviendra en pareil cas que personne n'a le droit de revendiquer d'une manière exclusive pour son opinion l'autorité de l'Église» (n. 43).

Les laïcs et les charismes

Déjà engagés, au seul titre de leur baptême, à prendre part à la mission évangélisatrice et sanctificatrice de l'Église, les fidèles peuvent être, en outre, appelés à certains ministères. En effet, l'Esprit Saint «distribue aussi parmi les fidèles de tous ordres, répartissant ses dons à son gré en chacun, les grâces spéciales qui rendent apte et disponible pour assumer les diverses charges et les offices utiles au renouvellement et au développement de l'Église... Ces grâces, des plus éclatantes au plus simples et au plus largement diffusées, doivent être reçues avec action de grâce et apporter consolation, puisqu'elles sont avant tout ajustées aux nécessités de l'Église et destinées à y répondre... C'est à ceux qui ont la direction de l'Église de porter un jugement sur l'authenticité de ces dons; c'est à eux qu'il appartient en particulier, non pas d'éteindre l'Esprit, mais de tout éprouver pour retenir ce qui est bon (I Thess. 5,12.19-20)» (*Lumen gentium*, n. 12). Et le *Décret sur l'apostolat des laïcs* précise: «De la réception de ces charismes, même les plus simples, résultent pour chacun des croyants le droit et le devoir d'exercer ces dons dans l'Église et dans le monde, pour le bien des hommes et l'édification de l'Église, dans la liberté du Saint-Esprit, qui 'souffle où il veut', de même qu'en communion avec ses frères dans le Christ, et très particulièrement avec ses pasteurs» (n. 3).

Il s'agit d'actes, de témoignages, de nouveautés, de prophétisme, de contestation aussi, suscités par l'Esprit, mais *autres* que ceux que l'Esprit réalise par les structures institutionnalisées que nous connaissons, et parfois même en une certaine tension avec celles-ci. «Puisque l'Église a été fondée par le Christ de telle sorte que l'action de l'Esprit ne vienne pas en elle seulement par la voie hiérarchique, mais aussi par la médiation de charismes personnels destinés à être exercés de manière ordonnée et au service de la communauté, il ne semble pas que l'on puisse douter, au plan du Droit divin, de la nécessité pour l'ordonnance ecclésiale d'être structurée de telle sorte qu'elle fournisse aux fidèles le droit d'exercer leurs charismes propres»[31].

Cette requête de l'ecclésiologie conciliaire n'a pas échappé aux rédacteurs du nouveau Code. En relevant les observations présentées par les évêques à l'endroit du premier schéma de Loi Fondamentale, ils expliquèrent que le droit est nécessaire à l'Église «pour maintenir et protéger sa constitution d'origine divine, pour déterminer la manière d'accomplir les tâches qui lui ont été confiées, *pour régler l'exercice des charismes qui auront été approuvés comme authentiques*, – nous soulignons – pour protéger les droits de chacun des fidèles et promouvoir le bien de tous[32].

Ce domaine est-il quelque peu oublié? En tout cas, le Pape Jean-Paul II, au cours de l'Audience générale du 9 mars 1994 consacrée aux «charismes des laïcs», a rappelé l'enseignement de saint Paul sur ce thème (1 Cor. 12,11), ainsi que la déclaration du Concile dans *Lumen*

---

[31] Sur ce sujet, P. LOMBARDÍA, *Relevancia de los carismas personales en el ordenamiento canónico*, dans *Ius canonicum*, t. IX, 1969, p. 101-119; cit. p. 112.

[32] Dans *Communicationes*, 1971, p. 52-53.

gentium, 12. Et il conclut: «Il nous plaît de redire avec le Concile et avec l'Exhortation que nous avons citée, que 'les charismes doivent être accueillis avec gratitude par ceux qui les reçoivent mais aussi par tous dans l'Église' (*Christifideles laici*, 24). Ces charisme donnent 'le droit et le devoir de les exercer pour le bien des hommes et l'édification de l'Église' (*Apostolicam actuositatem*, 3). C'est un droit qui se fonde sur la donation par l'Esprit et la confirmation de l'Église. C'est un devoir motivé par le fait même du don reçu, qui crée une responsabilité et exige un engagement» (DC, 1994, p. 358).

L'affirmation est claire, ferme, significative.

Le passage des principes à la réalisation concrète

Indispensable, au sens strict du terme, est la collaboration des fidèles laïcs dans l'analyse et pour la mise en œuvre concrète des enseignements ecclésiastiques qui concernent la vie socio-culturelle ou le domaine économico-politique.

Les chrétiens sont appelés régulièrement aujourd'hui à être le «sel de la terre», un «ferment spirituel» dans le siècle. Pour ce faire, il leur est conseillé de se référer aux orientations de la foi chrétienne en ce domaine et à la «doctrine sociale de l'Église». De fait, la foi chrétienne nous présente, à partir de la révélation, une doctrine générale de l'être humain, de l'existence et de la vie, des obligations morales, de la famille et de la société. Les croyants de la religion du Livre connaissent ces doctrines révélées. Celles-ci fondent, animent, orientent, stimulent toutes les activités et tous les engagements qui forment la trame d'une existence croyante. Telle est leur efficacité propre: elle est radicale et englobante.

Mais qui va mettre en œuvre et réaliser les projets concrets de la vie socio-culturelle ou économico-politique des sociétés? Voici la réponse que nous donne l'*Instruction sur la liberté chrétienne et la libération* (1986): «Il n'appartient pas aux pasteurs de l'Église d'intervenir directement dans la construction politique et dans l'organisation de la vie sociale. Cette tâche fait partie de la vocation des laïcs agissant de leur propre initiative avec leurs concitoyens» (§ 80)[33].

Voilà donc une tâche d'ampleur considérable et confiée globalement à l'action des fidèles laïcs. Or, lorsqu'ils ont décidé de se mettre au travail et envisagent celui-ci de manière immédiate et directe, ces laïcs se trouvent confrontés à une difficulté fondamentale de dimension:

---

[33] *Instruction sur la liberté chrétienne et la libération* (22 mars 1986), dans DC 1986, p. 101-119; cit. p. 112.

les grandes orientations éthiques de l'enseignement de l'Église en matière sociale ne suffisent pas par elles-mêmes à guider *directement* l'action. Cette faiblesse est reconnue explicitement par l'*Instruction sur la théologie de la libération* (1984)[34]. «L'enseignement de l'Église en matière sociale apporte les grandes orientations éthiques. Mais, pour qu'il puisse guider directement l'action, il réclame des personnalités compétentes, au point de vue scientifique et technique comme dans le domaine des sciences humaines ou celui de la politique» (XI,14). C'est dire que, pour être bien conçue, efficace, une action dans le monde requiert une analyse préalable de la situation. L'*Instruction sur la théologie de la libération* le reconnaît d'ailleurs de manière expresse: «Que la connaissance scientifique de la situation et des voies possibles de transformation sociale soit le présupposé d'une action capable d'atteindre les buts qu'on s'est fixés, cela est évident. Il y a là une marque du sérieux de l'engagement» (VII,3).

En somme, chacune de nos activités dans le monde, chacun de nos engagements sont également, dans une mesure plus ou moins grande, le fruit d'une certaine réflexion opérée lors de la mise en œuvre concrète, hic et nunc, de ces orientations générales. Cet intermédiaire «rationnel» est constitutif, inéluctablement, de toute action concrète. Il s'établit laborieusement, au milieu de tous les conditionnements psychologiques, sociologiques et autres de toute action précise, de tout engagement déterminé. La doctrine révélée, dans sa généralité, ne peut répondre «immédiatement» à toutes les exigences d'une action qui est imbriquée de multiples façons dans une «situation» historique complexe. Qu'on en soit conscient ou non, une analyse plus ou moins développée s'accomplit portant sur les processus rationnels autonomes et ayant leurs lois propres par lesquels, hic et nunc, s'effectuent, se maintiennent ou se défont la paix, la justice, l'amour, la famille, la société, la liberté, la vie. Une action chrétienne relative à la paix entre les hommes, pour être pertinente, pour répondre à toutes ses exigences, doit donc unir la doctrine révélée sur la paix aux recherches rationnelles de la polémologie. Et il en va de même, servatis servandis, de *tous* les domaines de l'existence concrète. Toute «pratique» implique une multitude de choix qui ne sont pas envisagés par la doctrine révélée, car ils sont liés à une situation historique donnée: choix des motivations, choix des finalités, choix des priorités, choix des moyens de réaliser, etc. Les chrétiens ne peuvent enjamber l'articulation rationnelle de toute action historique sérieuse, responsable.

---

[34] *Instruction sur la théologie de la libération* (6 août 1984), dans DC 1984, p. 890-900; cit. p. 899.

Mais, dira-t-on peut-être, si la doctrine révélée n'a pas la clarté suffisante pour être directement opératoire, ne suffit-il pas de s'en tenir aux déterminations plus proches de l'action qui abondent dans les Encycliques, les Déclarations et autres documents ecclésiastiques qui sont consacrés à ces sujets: paix, désarmement, solidarité sociale, justice, relations Nord-Sud, libération politico-culturelle, etc. Et de fait, ces déterminations abondent. Elles sont «authentiques», c'est-à-dire qu'elles sont proposées par une personne ayant autorité, sans que cela signifie nécessairement l'exactitude de toutes les indications données. Elles sont par ailleurs le fruit d'une «analyse», et celle-ci est liée inévitablement à un certain conditionnement doctrinal, culturel, sociologique, politique, etc., quel que soit le soin que l'on prenne pour l'éviter: ce qui n'apparaît pas au moment même, se manifeste assez rapidement dès que le document entre dans l'histoire. Tout cela est reconnu aujourd'hui par ceux mêmes qui élaborent et proposent ces exposés.

Mais les destinataires laïcs des documents ecclésiastiques peuvent être, eux aussi, particulièrement compétents en ces domaines non religieux, économie, sociologie, bio-éthique, etc. Et c'est en toute sérénité, et en toute déférence chrétienne, qu'ils étudient, apprécient, critiquent éventuellement, ces directives et orientations «authentiques».

Appels à la collaboration

Les appels à la collaboration des fidèles laïcs dans la vie sociale et culturelle sont nombreux. Nous voudrions donner, en exemple, l'initiative du Pape Jean-Paul II lorsque, en janvier 1994, il décida de créer une «Académie pontificale des sciences sociales»[35].

La raison de cette création? «Les recherches des sciences sociales peuvent efficacement contribuer à l'amélioration des rapports humains, comme le montrent les progrès accomplis en divers secteurs de la convivialité, surtout au cours de ce siècle qui va prochainement s'achever. Aussi, l'Église, toujours soucieuse du vrai bien de l'homme, s'est-elle tournée avec un intérêt croissant vers ce domaine de la recherche scientifique, pour en tirer des indications concrètes dans l'accomplissement de ses tâches magistérielles» (p. 151).

Moi-même, reconnaît le Pape, dans mon Encyclique *Sollicitudo rei socialis*, «j'ai souligné que la doctrine sociale catholique ne pourra accomplir sa tâche dans le monde d'aujourd'hui, qu''en s'appuyant sur la réflexion rationnelle et l'apport des sciences humaines'» (p. 152).

---

[35] Voir *La Documentation catholique*, 1994, p. 151-153.

Les Statuts de l'Académie Pontificale des Sciences sociales disent, à l'article premier: que l'Académie est instituée «avec pour but de promouvoir l'étude et le progrès des sciences sociales, économiques, politiques et juridiques, et d'offrir de cette manière les éléments dont l'Église pourra se servir pour approfondir et développer sa doctrine sociale» (DC 1995, p. 6).

Le 25 novembre 1994, s'adressant aux membres de l'Académie, le Pape leur dit que le magistère encourage l'analyse des conditions complexes dans lesquelles les hommes travaillent, produisent et échangent des biens et des services, satisfont leurs besoins vitaux, répartissent les ressources dégagées par le travail, déterminent les pouvoirs et les responsabilités respectives des familles, des entreprises, des syndicats et de l'État. Par l'examen et par l'interprétation des données scientifiques, il vous revient d'apporter votre contribution à la démarche de l'Église (DC 1995, p. 6).

Un mois après, dans le Discours adressé aux Cardinaux et à la Curie romaine, le Pape mentionna l'Académie pontificale des Sciences sociales et déclara: «La doctrine sociale de l'Église s'est développée également grâce à de nombreux experts en sciences sociales, qui ont aidé le Magistère a toujours mieux illustrer les exigences évangéliques face aux défis de l'histoire. A cet égard, je veux mentionner la contribution que de grands penseurs catholiques ont apportée à l'élaboration du concept chrétien de démocratie. Un anniversaire important m'en fournit l'occasion puisqu'il tombe exactement ces jours-ci: il y a cinquante ans, à l'occasion de la Noël 1944, le Pape Pie XII prononça un mémorable message radiodiffusé, précisément sur la démocratie» (DC 1995, p. 103).

Et la «critique constructive»?

A l'occasion, le Pape reconnaît l'utilité de la «critique constructive».

Ainsi, au cours de l'Audience générale du 24 juin 1992, le Pape évoquant le passage de la Constitution *Lumen gentium*, n. 12, relatif aux charismes et à l'aide que par eux des fidèles laïcs ont apportée à leurs pasteurs, poursuivait: «Ce fait montre la possibilité et l'utilité de la liberté de parole dans l'Église: liberté qui peut aussi se manifester sous la forme d'une critique constructive. Ce qui est important, c'est que la parole exprime vraiment une inspiration prophétique venant de l'Esprit-Saint. Comme le dit Saint Paul: 'Là où est l'Esprit du Seigneur, là est la liberté' (2 Co 3,17). L'Esprit-Saint développe chez les fidèles un comportement de sincérité et de confiance réciproque (cf. Ep. 4,25) et les rend 'capables de se corriger les uns les autres' (Rm. 15, 14; cf. Col. 1,16)».

«La critique est utile dans la communauté, car elle doit toujours être réformée et essayer de corriger ses imperfections. En de nombreux cas, elle l'aide à faire un nouveau pas en avant. Mais si elle vient de l'Esprit-Saint, elle ne peut pas ne pas être animée par un désir de progrès dans la vérité et la charité. Elle ne peut s'exercer avec amertume; elle ne peut se traduire par des offenses, des actes ou des jugements qui portent atteinte à l'honneur de personnes ou de groupes. Elle doit être pénétrée de respect et d'affection fraternelle et filiale, éviter le recours à des formes inopportunes de publicité, mais s'en tenir aux indications données par le Seigneur pour la correction fraternelle (cf. Mt. 18,15-16)»[36] (DC 1992, p. 724-725).

---

[36] Sur cette question, voir également un dossier sur *Les chrétiens et la formation de l'opinion publique* publié par la DC 1986, p. 363-372.

L'ÉGLISE, COMMUNAUTÉ FRATERNELLE

Au cours de l'Audience générale du 22 septembre 1993, le Pape Jean-Paul II développa le thème suivant: le prêtre, pasteur, doit vivre en frère avec tous les autres fidèles.

«Au Concile Vatican II, disait-il, l'Église a cherché à raviver chez les prêtres cette conscience qu'ils appartiennent et participent à la communauté ecclésiale, afin que chacun d'entre eux se souvienne que, même pasteur, il continue à être un chrétien qui doit se conformer à toutes les exigences de son baptême et vivre en frère de tous les autres baptisés, au service du 'même et unique Corps du Christ, dont la construction est la tâche de tous' (PO, 9). Il est significatif que, pour fonder l'ecclésiologie du Corps du Christ, le Concile souligne le caractère fraternel des relations du prêtre avec les autres fidèles, comme il avait déjà affirmé le caractère fraternel des relations entre l'évêque et les prêtres. ...Jésus lui-même a dit à ses disciples: 'vous êtes tous frères' (Mt 23,8)» (DC 1993, p. 955).

C'était là d'ailleurs un des thèmes majeurs de l'*Exhortation Apostolique* post-synodale *Pastores dabo vobis* (25 mars 1992). Dans celle-ci, le Pape invitait le prêtre à «développer cette conscience que son ministère est ordonné en fin de compte à réunir la *famille de Dieu* dans une fraternité animée par la charité et à la conduire au Père par le Christ dans l'Esprit-Saint. Le prêtre doit croître dans la conscience de la profonde communion qui le relie au peuple de Dieu; il n'est pas seulement 'devant' l'Église mais d'abord et avant tout 'dans l'Église'. Il est frère parmi ses frères» (DC 1992, p. 496).

Ces paroles nous renvoient aux origines mêmes de l'Église du Christ.

Le témoignage des premiers écrits chrétiens

Les premiers écrivains eclésiastiques n'ayant pas encore adopté le langage inclusif, nous parlerons tout d'abord comme eux. Pour saint Paul, par exemple, le terme «frère» est la désignation normale du fidèle chrétien. En I Co 15 et Rom 5, le Christ devient, par sa résurrection, un second, un nouvel Adam, père d'un autre humanité, une meilleure humanité. Et ainsi, dans le Christ, paraît un nouvelle fraternité humaine, qui dépasse et même remplace l'ancienne. «En dépit de toute son ouverture et de tout son universalisme, la notion de fraternité ne s'étend pas sans aucune limite à tous les hommes. Cet état de choses se traduit dans la terminologie de l'Apôtre. Tout homme mérite qu'on lui témoigne de l'agapè, de la charité, mais au frère seul, au frère chrétien, revient la *philadelphia*, l'amour fraternel»[37]. L'Apôtre Paul inventa aussi un néologisme, le terme *pseudadelphos*, le «faux-frère» (voir 2 Cor 11,26, Gal 2,4) pour désigner les insuccès de son œuvre missionnaire et les limites ou les imperfections de la fraternité chrétienne.

Il importe, aujourd'hui notamment, de rappeler le texte de l'Épître aux Galates 3,27-28. «Vous qui avez été baptisés dans le Christ, vous avez revêtu le Christ: il n'y a plus ni Juif, ni Grec; il n'y a plus ni esclave ni homme libre; il n'y a plus ni homme, ni femme, car tous, vous ne faites qu'un dans le Christ Jésus». On peut constater que «le langage chrétien et lui seul met la 'sœur' sur le même plan que le 'frère', avec des droits égaux», souligne K.H. Schelkle[38].

Nous voici à pied d'œuvre désormais. Cette fraternité, qui résume même la condition chrétienne de l'existence, comment faut-il l'entendre? Comment est-elle vécue?

Le message de la théologie

L'article *Fraternité* du *Dictionnaire de spiritualité*[39] aborde la question de la «fraternité à l'intérieur de l'Église». J. Ratzinger rappelle que le christianisme nous a apporté «une nouvelle éthique» qui a transformé les choses de l'intérieur. «Imprégner d'esprit de fraternité l'organisation sociale en vigueur, écrit-il, demeure toujours une des tâches fondamentales de l'éthique chrétienne». Puis, passant à l'Église elle-même, il poursuit: «Cela vaut aussi, analogiquement, de l'ordre intérieur de l'Église, autrement dit des relations entre prêtres et laïcs» (c.1162). On ne peut oublier en effet que «le sacerdoce néotestamentaire constitue historiquement une rupture par rapport au sacerdoce judaïque et au sacerdoce des religions environnantes». Le prêtre, «même s'il n'interprète pas de façon étroite et juridique, avec une littéralité qui serait fausse, la parole du Seigneur qui dit que le titre de Père n'appartient qu'à un seul, Dieu (Mt 23,9), … ne doit cependant pas oublier que même en tant que 'père' il demeure toujours 'frère', que la charge de père dont il est revêtu n'est pas autre chose qu'une

[37] J. RATZINGER, *Frères dans le Christ*, Paris, Cerf, 1962, p. 48.
[38] K.H. SCHELKLE, art. *Bruder*, dans *Reallexikon für Antike und Christentum*, c. 638.
[39] *Dictionnaire de spiritualité*, Paris, Beauchesne, t. V, c. 1141-1167.

forme de service fraternel. Aussi devra-t-il se garder de tout paternalisme, et respecter bien plus le caractère adulte et la propre dignité des fidèles confiés à son ministère» (c.1163).

Cette mise au point ecclésiologique engage à la lecture d'une étude plus développée de J. Ratzinger sur ce sujet. Reprenant un exposé présenté à Vienne en 1958 – et donc avant l'annonce du Concile – ce travail fut publié en 1960 sous le titre *Die Christliche Brüderlichkeit* et traduit en français: *Frères dans le Christ. L'esprit de la fraternité chrétienne* (1962)[40]. On y découvre une recherche particulièrement riche sur les aspects exégétiques, historiques et dogmatiques de la question. Dans la courte synthèse qui en reprend les données, un titre attire l'attention: *Le sentiment chrétien de fraternité abolit les frontières entre chrétiens*. Suit une sorte de thèse imprimée en caractères italiques: «L'union au Christ implique l'union des chrétiens entre eux et, partant, la suppression des frontières naturelles et historiques qui les séparent. Par-delà les frontières nécessaires à toute organisation sociale ou hiérarchique, doit régner la morale d'une fraternité où tous ont des droits égaux» (p. 72). Semblable fraternité dans le Christ empêche «de reconnaître une importance décisive à aucune différence civile ou sociale, et exige au contraire de les dépasser toutes» (p. 75).

Mais, poursuit J. Ratzinger, «peut-être est-il utile de s'étendre un peu sur une question qui, dans cet ordre d'idées, doit inquiéter plus précisément les chrétiens catholiques: celle des différences hiérarchiques dans l'Église et du comportement qui en résulte» (p. 75). Nous voilà ainsi amenés au couple clercs-laïcs. En effet, sur la base de Mt 23,8-11, se présente une question d'ordre général: «on ne peut esquiver la grave question que nous pose ce texte: notre pratique chrétienne effective ne ressemble-t-elle pas, la plupart du temps, au culte judaïque des dignités, stigmatisé par Jésus, beaucoup plus qu'à l'idéal, tracé par lui, de la communauté chrétienne fraternelle?» (p. 76). Et voici la réponse, d'ensemble également: «toutes les … formes extérieures (je dis bien: extérieures) du système hiérarchique, telles qu'elles se sont constituées au cours des siècles, devront toujours être jugées à la lumière de ce même texte» (p. 77), à savoir Mt 23,9: N'appelez personne sur la terre votre Père, car vous n'en avez qu'un seul, le Père céleste.

La réalité vécue

Mais comment cette fraternité est-elle vécue?

---

[40] *Frères dans le Christ*, Paris, Cerf, 1962, 116 p.

Les homélies dominicales commencent par un: «chers frères et sœurs». Mgr G. Philips semble avoir médité cette expression. Dans son commentaire de *Lumen gentium*, 32, il prolonge sa réflexion sur les rapports entre les pasteurs et les autres fidèles par quelques considérations, parfois un peu vives, sur cette «fraternité»[41]. Mais voici d'abord ce passage de la constitution sur l'Église. «Ainsi donc les laïcs, tout comme par la bienveillance de Dieu, ils ont pour frère le Christ, venu non pour être servi mais pour servir, alors qu'il est le Maître de tout, ainsi ont-ils aussi pour frères ceux qui, appliqués au ministère sacré, font près de la famille de Dieu office de pasteurs, enseignant, sanctifiant, dirigeant par l'autorité du Christ pour que le commandement nouveau de la charité soit accompli par tous». Puis paraît cette citation de saint Augustin: pour vous, je suis évêque, ce qui signifie une tâche à accomplir, et combien périlleuse; avec vous, je suis chrétien, ce qui constitue une grâce, un don salutaire.

Le commentaire de Mgr Philips est hardi, mais évangélique. Il est fondé sur la doctrine suivante: le Christ est le Seigneur suprême; et pourtant il est venu pour servir et il a fait de nous ses frères, en toute vérité. «S'il en est ainsi, les pasteurs, qui sont les premiers appelés pour le service, doivent avec plus de droit que les autres s'appeler nos frères. En s'adressant à nous dans leurs lettres pastorales ils nous apostrophent comme leurs 'bien chers Frères'; mais dans ce texte conciliaire, ils vont plus loin: ils acceptent que les fidèles à leur tour s'adressent à eux comme à des frères. Dans la pratique générale, nous n'en sommes pas encore là: une certaine timidité nous envahit si jamais l'envie nous prenait d'employer ce titre à leur égard. De toute façon, nous reconnaissons que ce service fraternel n'exclut pas mais implique l'autorité du Christ dans le ministère sacré, tant pour l'enseignement et la sanctification que pour l'administration effective. Le complément direct des verbes employés est la famille de Dieu. Puisqu'on nous recommande un service fraternel, nous restons dans les affaires de famille du Père, dont le nouveau commandement du Christ, la charité, est le fondement» (p. 24).

Et Mgr Philips conclut en commentant le texte cité plus haut de saint Augustin, et en proposant une suggestion d'ordre directement pastoral. Le jour anniversaire de son ordination épiscopale, dit-il, saint Augustin déclara: «c'est pour vous que je suis évêque;

---

[41] *L'Église et son mystère au IIe Concile du Vatican*, Desclée De Brouwer, t. II, 1968, p. 24 et p. 25.

avec vous, je suis chrétien». Ainsi «s'énonce l'égalité dans la foi chrétienne en même temps que la diversité issue du ministère. Pour Augustin, ce ministère n'est pas un appel au droit, à la puissance ou à l'honneur; le pasteur redoute bien plutôt d'assumer un service qui ne s'exerce pas sans danger. La solidarité dans la même foi et dans le ministère du Christ constitue sa consolation, sa grâce et sa confiance. N'est-il pas regrettable que l'étendue de beaucoup de nos diocèses modernes ne rend plus possible ce contact immédiat et vivant entre l'évêque et ses 'frères'? Mais si la rencontre aujourd'hui doit chercher d'autres formes de réalisation, le principe n'en demeure pas moins valable» (p. 25).

«LE MODÈLE CLASSIQUE DE LA DÉMOCRATIE ECCLÉSIALE»

L'énoncé du titre est donné entre guillemets. Il n'est pas de nous: parler de démocratie, d'aristocratie et même de théocratie lorsqu'il s'agit de la communion ecclésiale conduit régulièrement à des discussions, voire à des malentendus. Toutefois, nous avons repris ce titre, parce qu'il a été considéré comme valable par un théologien de renom, ainsi qu'il apparaîtra dans ce qui suit.

Quant à nous, nous tenons à rappeler les observations faites dans le *Directoire pour le ministère et la vie des prêtres* lorsqu'on parle de l'Église. «La mentalité et les pratiques de certains courants culturels, sociaux et politiques de notre temps ne sont pas automatiquement transférables à l'intérieur de l'Église. L'Église, en effet, doit son existence et sa structure au dessein salvifique de Dieu. Elle se contemple elle-même comme un *don* de la bienveillance d'un Père qui l'a libérée par l'humiliation de son Fils sur la Croix. L'Église veut être, par conséquent – dans le Saint-Esprit – totalement conforme et fidèle à la volonté de son Seigneur Jésus-Christ» (DC 1994, p. 367).

«Être totalement conforme et fidèle à la volonté du Seigneur» est un projet particulièrement exigeant. Les Papes eux-mêmes l'ont reconnu à de nombreuses reprises. Et, parmi les qualités regrettées, l'on a pu considérer telle ou telle façon d'exister ou de diriger qui n'est pas sans quelque similitude avec ce que les sociologues estiment être caractéristique d'une saine et sérieuse démocratie. D'où certains articles, certaines études, venant de théologiens de métier.

Appels autorisés en vue d'un agir «démocratique»

Il y a une vingtaine d'années, le professeur P. Eyt se posait la question: *Vers une Église démocratique?*[42]. Question légitime, expliquait-il. Car «l'influence des structures politiques ambiantes a été, à toutes les époques, déterminante pour la vie de l'Église. Ainsi, le principal romain, les monarchies barbares, les liens féodaux, les premières manifestations du 'stato' moderno dans l'Italie de la Renaissance, le despotisme éclairé, l'administration napoléonienne, la bureau-technocratie de l'ère industrielle

---

[42] Dans la *Nouv. Revue théologique*, t. 91, 1969, p. 597-613. Pagination des extraits à l'intérieur du texte.

ont successivement et concurremment interféré dans la conception, le mode d'exercice et le style de l'autorité dans l'Église. Il faudrait pour s'en étonner refuser que l'Église puisse avoir une histoire …» (p. 597).

Veut-on un exemple? Malgré les réserves manifestées par la majorité des anciens face aux 'modèles' politiques que la société présentait à l'Église, l'influence du Pseudo-Denys marqua fortement l'aspect «hiérarchique» des conceptions ecclésiologiques médiévales. Comme l'explique R. Roques: «Pour Denys, comme pour les divers platonismes, il faut que tous les ordres de réalité se répondent et s'ajustent. Le monde visible doit reproduire, à son plan, les grandes lignes du monde intelligible, qu'il s'agisse de sa structure ou de son organisation fonctionnelle. L'ordre hiérarchique, tel que le décrit Denys, apparaît donc singulièrement autoritaire et centralisé. C'est une 'théocratie' dont les évêques, chacun dans son Église, sont les tout-puissants ministres. Interprètes de jugements divins, ils les appliquent dans le choix des sujets qu'ils doivent ordonner ou consacrer»[43]. D'où, précise P. Eyt, «la réflexion chrétienne sur l'autorité, tout comme la formation spirituelle à l'obéissance, sont longtemps restées imprégnées de la vision d'un homme dans un univers hiérarchique. La 'soumission' était par là-même l'attitude la plus fondamentale de la créature en face de Dieu et du sujet en face du monarque et de l'État» (p. 604). Et voilà que l'on revient au thème de la «formation spirituelle».

Or, «croyants ou incroyants, les hommes d'aujourd'hui travaillent à sortir de la conception 'hiérarchique' du monde et de la société» (p. 605). Le terme «démocratie», mieux, l'expression «société démocratique» désignent cette aspiration, ce vœu d'une personnalisation par la participation au sein de la société socialisée. Et ces appels à des formes et à un style de fraternité, d'égalité, de liberté, de responsabilité dans la société humaine sont considérés de plus en plus communément comme en harmonie avec les requêtes du message chrétien. «Il est pleinement conforme à la nature de l'homme, lit-on dans *Gaudium et spes*, 75, que l'on trouve des structures politico-juridiques qui offrent sans cesse davantage à tous les citoyens, sans aucune discrimination, la possibilité effective de prendre librement et activement part tant à l'établissement des fondements juridiques de la communauté politique qu'à la gestion des affaires publiques, à la détermination du champ d'action et des buts des différents organes, et à l'élection des gouvernements».

---

[43] R. ROQUES, *L'univers dionysien. Structure hiérarchique du monde selon le Pseudo-Denys*, Paris, Aubier, 1954, p. 171 et 177.

Bien plus, ces requêtes rencontrent des appels similaires lancés par les autorités ecclésiastiques de notre temps – depuis l'Action catholique de Pie XI à l'*Exhortation Apostolique* de Jean-Paul II – à la «collaboration», à la «responsabilité», à «l'engagement», au «dialogue», à la «participation», mais cette fois «dans» la communion ecclésiale et «pour» l'édification commune du Corps du Christ. C'est dans cette mouvance que le professeur P. Eyt conclut: «Il faut donc travailler à ce que les relations dans l'Église deviennent de plus en plus démocratiques et qu'elles retrouvent ce goût de fraternité qu'elles avaient à l'origine» (p. 612). Bref, «l'Église non seulement *peut* mais *doit* vivre de plus en plus démocratiquement» (p. 613). *Peut* et *doit* sont en italiques dans le texte.

Études théologiques de J. Ratzinger

Ce sujet a été analysé par le professeur J. Ratzinger sous le titre *Démocratisation dans l'Église?*[44]. Cette plaquette présente deux contributions: 1. J. Ratzinger, *Démocratisation dans l'Église? Possibilités, limites, risques* (p. 7-54); 2. H. Maier, *Le ghetto de l'émancipation. Critique de l'Église démocratisée* (p. 55-93). L'étude de J. Ratzinger est divisée en trois chapitres, aux titres significatifs: 1. *Le point de départ de la notion de démocratie* (p. 11-23); 2. *Interprétation démocratique des éléments fondamentaux de la notion d'Église* (p. 24-39); 3. *Possiblités et devoirs* (p. 40-54).

Engageant une réflexion sur des «signes d'adhésion à la thèse de la démocratisation, tels fraternité, intelligence fonctionnelle des charges, charisme, collégialité, synodalité, peuple de Dieu» (p. 25), J. Ratzinger en critique vivement les interprétations «politiques» (p. 25-39). Toutefois, le bilan n'est pas uniquement négatif, et commence alors une recherche «susceptible de nous apporter la lumière quant aux situations de faits qui procèdent du sein même de l'Église et correspondent à ce que nous nommons démocratie dans le domaine politique» (p. 40). «Je vois, précise alors J. Ratzinger, quatre points auxquels renvoie la constitution de l'Église en matière de formes et de possibilités démocratiques» (p. 41): la limitation du domaine de la charge spirituelle, le caractère de sujets de droit de communautés particulières, la structure collégiale des charges dans l'Église, et la doctrine du sens de la foi comme tel.

Le deuxième point est exposé et défendu avec vigueur. «Il faut qu'on reconnaisse que l'*ecclesia* est un sujet de droit dans l'Église, chaque fois

[44] J. RATZINGER - H. MAIER, *Démocratisation dans l'Église?*, Paris, Apostolat des Éditions, 1971, 94 p. Pagination des extraits à l'intérieur du texte.

qu'elle existe comme *ecclesia*, c'est-à-dire comme communauté...
Oui, le sujet proprement dit du droit, auquel se rattache tout autre sujet
de droit dans l'Église» (p. 45). Première application, la célébration
eucharistique: «le prêtre n'est sujet de la célébration que dans la mesure
où il partage la vie du sujet qu'est la communauté rassemblée et
se trouve être son interprète» (p. 45-46). Autre application: la coopération
de la communauté lors de la nomination aux charges spirituelles.
Parmi les mises au point suggérées avec nuances, J. Ratzinger écrit
«les nominations aux charges ne devraient jamais procéder *uniquement*
d'en haut – à ce sujet il faut critiquer de façon décisive le développement
de la manière de voir qui triomphe depuis le 13e siècle. D'un autre côté
la nomination aux charges ne peut jamais provenir uniquement d'en-bas.
A côté du facteur Église locale, elle doit également toujours inclure le
facteur Église universelle» (p. 48-49).

Autre thèse fermement défendue: la structure collégiale de l'Église.
«On n'est pas prêtre seul, mais dans le presbytérium de l'évêque.
On n'est pas évêque seul, mais dans le collège épiscopal dont
l'évêque de Rome assure l'unité. Et enfin, on n'est pas chrétien seul,
mais comme membre d'une 'ecclesia' concrète, unifiée dans le prêtre
qui en est responsable. Ces trois collèges que sont la communauté,
le presbytérat et l'épiscopat, ont deux à deux des rapports spécifiques
et irréversibles» (p. 50). Mais quels rapports? Ils ne sont pas «de type
parlementaire», répond J. Ratzinger. Alors, où trouver un modèle
réellement «ecclésiastique»?

La réponse est donnée dans la «formulation classique de la double face
des relations fournie par Cyprien». Et la voici. «D'un côté, avec une
énergie qui demeure vigoureuse à travers l'histoire, il [Cyprien] souligne:
nihil sine episcopo (rien sans l'évêque): l'exigence de l'unité de l'Église
locale soumise à l'évêque, l'exigence de la publicité de ce qui la
concerne, atteignent leur précision et leur clarté les plus tangibles dans le
combat que mène Cyprien contre les communautés électorales et la
formation de groupes. Mais le même Cyprien déclare en face de son
presbytérium de façon non moins nette: *nihil sine consilio vestro*
(rien sans votre conseil), et il dit de manière aussi claire à sa communauté: *nihil sine consensu plebis* (rien sans l'assentiment du peuple)»
(p. 51). On retiendra la place et le rôle du presbytérium.

Et J. Ratzinger termine par cette déclaration: «Cette triple forme de
coopération à l'édification de la communauté représente le modèle
classique de la 'démocratie' ecclésiale. La 'démocratie' ecclésiale ne
provient pas de la transposition d'un modèle étranger à l'Église,

mais elle découle de la structure de l'ordonnance même de l'Église, et, par voie de conséquence, elle est conforme au droit spécifique que possède l'Église» (p. 51-52).

Puis, en élargissant les perspectives: «comme les autres âges, celui de la démocratie est un appel qui s'adresse directement à l'Église. Elle doit s'y rendre avec l'esprit à la fois ouvert et critique» (p. 54).

Rappel de la pratique ecclésiale

Dès l'abord cependant, il importe de préciser le vocabulaire: a) *choisir* ou *désigner* un ministre: ici interviennent de façon appropriée tous ceux qui constituent l'Église locale: laïcs, prêtres, religieux, évêques; b) *nommer*, acte canonique autorisé venant d'une instance de direction: évêque, métropolite, pape, sans exclure ici en principe telle ou telle forme collective de participation, le presbyterium décidant avec l'évêque, les évêques décidant avec le métropolite ou le pape; c) *consacrer* ou *ordonner*, actes sacramentels par lesquels les pouvoirs presbytéraux ou épiscopaux sont conférés[45].

Troisième siècle, à Rome. La Tradition d'Hippolyte de Rome nous fait connaître l'état de la liturgie et de la discipline romaines au début du IIIe siècle. «Qu'on ordonne comme évêque celui qui a été choisi par tout le peuple. Lorsqu'on aura prononcé son nom et qu'il aura été agréé par tous, le peuple se rassemblera, avec le collège des prêtres et les évêques qui sont présents, le dimanche. Du consentement de tous, que ceux-ci lui imposent les mains et que le collège des prêtres se tienne là sans rien faire»[46]. – Même époque, en Afrique du Nord. Une lettre de saint Cyprien, nous l'avons déjà cité, nous raconte la vie de nombreuses provinces au milieu du IIIe siècle. Presque dans toutes les provinces, écrit-il, l'élection d'un évêque se passe de la manière suivante. Lorsqu'un siège est devenu vacant, les évêques des régions les plus proches se réunissent dans cette ville. Un nouvel évêque est élu en présence du peuple, *plebe praesente*. Il faut que le peuple assiste à l'élection, car il connaît bien la vie de chacun. L'épiscopat est alors conféré à l'élu, par le suffrage de toute l'assemblée, *universae fraternitatis suffragio*, et d'après la décision des évêques présents, *et de episcoporum iudicio*. L'assemblée fraternelle du peuple et du clergé, *fraternitas*,

---

[45] Étude historique de l'ensemble de la question: G. THILS, *Choisir les évêques, élire le Pape*, Paris, Lethielleux, 1970, 96 p.

[46] HIPPOLYTE DE ROME, *La tradition apostolique*, éd. B. Botte, Paris, 1946, p. 26-27.

se prononce donc sur la valeur de l'élu, elle donne son suffrage; mais les évêques décident, consacrent[47].

Sur la pensée de Saint Ambroise, voici ce qu'écrit R. Gryson. «L'intervention du peuple s'appelle une 'demande', une 'requête' (petere, postulare, obsecrare). Les évêques 'jugent' ou 'décident' (iudicium, decernere). Tantôt les évêques ratifient le choix du peuple, tantôt le peuple approuve la proposition faite par les évêques»[48].

D'ailleurs, les Papes eux-mêmes interviennent parfois en ce sens. Célestin Ier, (422-432), bien que réticent en ce qui concerne l'intervention des fidèles, déclare néanmoins: «nullus invitis detur episcopus; cleri, plebis et ordinis consensus et desiderium requiratur»[49]. Et saint Léon le Grand (330-461) s'exprima d'une façon lapidaire demeurée célèbre: «Qui doit être à la tête de tous, doit être élu par tous: qui praefuturus est omnibus, ab omnibus eligatur»[50].

Dans un travail remarquable sur *L'Église dans l'Empire romain* aux IVe et Ve siècles, J. Gaudemet résume ainsi le rôle des laïcs. Les textes canoniques, écrit-il, insistent sur la participation de tout le peuple à l'élection. Les fidèles doivent témoigner des mérites du candidat et ensuite demander sa consécration[51]. En France, du IXe au XIIe siècle, écrit P. Imbart de la Tour, «l'élection, l'*ordinatio*, appartient au collège épiscopal, mais le chef ne peut être imposé à son Eglise, le pasteur à ses fidèles: il ne reçoit point son pouvoir d'un vote populaire, mais il ne peut l'exercer qu'avec le libre consentement de tous»[52].

---

[47] S. Cyprien, *Epistola* 67,5, éd. G. Hartel, dans *Corp. Script. Eccl. Latin.*, t. III, 2, p. 739-740.

[48] R. Gryson, *Le prêtre selon saint Ambroise*, Louvain, 1968, p. 227-228, où l'on trouvera les références utiles.

[49] Dans *Epistola II, ad Episcopos Galliae*, c. 5, texte repris dans une recension du Décret de Gratien: voir *Patr. Lat.*, t. 187, c. 322, où l'on peut lire: «Nullus invitis detur episcopus. Cleri, plebis et ordinis consensus et desiderium requiratur».

[50] Dans l'*Epistola X, ad Episcopos per provinciam viennensem constitutos*, dans *Patr. Lat.*, t. 54, c. 628-636, où l'on peut lire: «Per pacem et quietem sacerdotes qui futuri sunt postulentur. Teneatur subscriptio clericorum, honoratorum testimonium, ordinis consensus et plebis. Qui praefuturus est omnibus, ab omnibus eligatur» (c. 634).

[51] J. Gaudemet, *L'Église dans l'Empire*, Paris, Sirey, 1958, p. 332.

[52] P. Imbart de la tour, *Les élections épiscopales dans l'Église de France du IXe au XIIe siècle*, Paris, 1891, p. 53.

TABLE DES MATIÈRES